Lk 1877

DE LA DEVOTION DES SAUVAGES DE CANADA, ENVERS LA SAINTE VIERGE

Honorée en l'Eglife de Chartres.

A CHARTRES,
Chez la V. d'Etienne Massot,
Imprimeur du Roy, ruë des Changes
au Soleil Royal. 1700.

Avec Permiſſion.

TRaduction des Lettres des Nations Sauvages des Hurons & des Abnaquis de la nouvelle France en Canada, contenant leurs Vœux & leur Confecration au fervice de la Sainte Vierge honorée dans l'Eglife de Chartres, fous la protection de laquelle ils fe mettent eux, leurs enfans leurs familles, leur Village, & tous leurs biens; & à laquelle ils envoyent des Coliers ou Ceintures de Porcelaines en figne de leur foumiffion & pour meriter d'être associez aux Prieres de l'Eglise

Ensemble leurs remercimens faits au Chapitre de Chartres sur les presents de Reliques des Saints qu'on leur a envoyez.

Comme aussi des Reverends Peres Potier, Chaumonot, Bouvart & Bigot Jesuites Missionnaires & Directeurs de ces Nations, sur la foy vive & le profond respect de ces peuples pour les Sacrez Mysteres de la Religion Catholique.

I

TRADUCTION DU VEU

Fait à la Sainte Vierge par les Hurons de Lorette de la nouvelle France, à Nôtre-Dame de Chartres, envoyé au Chapitre, avec une Ceinture de Porcelaine, en 1678.

AINTE VIERGE, que nous avons de joye, de ce que même avant vôtre naissance, la Ville de Chartres vous a bâty une Eglise, avec cette Inscription à la Vierge qui doit

A

enfanter ; O que Meſſieurs les Chartrains ſont heureux, & qu'ils meritent de gloire d'être vos premiers Serviteurs ! Helas incomparable Mere de Dieu, il en eſt au contraire de nous autres pauvres Hurons, nous avons le malheur d'être les derniers à vous connoître & vous honorer : au moins que ne pouvons-nous reparer nôtre faute, en ſupléant en quelque maniere que ce ſoit, pour le tems que nous ne vous avons point rendu de culte. C'eſt, Sainte Vierge, ce que nous faiſons aujourd'huy, en nous joignant aux Meſſieurs de Chartres, afin de n'avoir avec eux qu'un même eſprit, qu'un cœur, & qu'une bouche pour vous loüer, pour vous aimer, pour vous ſervir : nous les prions donc de vous preſenter en nôtre nom & pour nous, tous les devoirs qu'ils vous ont jamais rendus. Oüy, ce feront eux car (nous efperons qu'ils ne nous refuferons pas) Ce feront eux, lefquels autant qu'il eft poffible, nous acquitterons auprés de vous, pendant que leur ferveur fatisfera pour nôtre lâcheté, leur connoiffance pour nôtre ignorance leurs richeffes pour nôtre pauvreté. Au refte, Vierge Mere de Dieu, quoyque vous ayez déja enfanté vôtre Fils ; Cela n'empêchera pas, qu'à l'exemple des Chartrains, nous ne vous honorions même à prefent, fous le titre de la Vierge, qui doit enfanter. Puifqu'il ne tient qu'à vous, en demeurant toûjours Vierge, de nous avoir pour vos enfants. Comme nous vous honorons icy dans une Chappelle femblable à la maifon, où vous avez donné à Dieu une vie humaine, nous efperons que vous nous y donnerez une vie fpirituelle. Ce fera ainfi, qu'étant toûjours Vierge, vous ferez aussi Mere, non seulement, qui a enfanté ou qui enfante ; mais qui enfantera toujours, jusqu'à ce que Jesus soit parfaitement formé en nous-tous. C'est ce que nous vous demandons en vous presentant ce Collier, pour marque que nous sommes liés à vous en qualité de vos Esclaves.

Traduction de la Lettre Latine écrite aux Hurons par le Chapitre de Chartres aprés avoir reçû le present qu'ils avoient fait d'un Collier de porcelaine tissue, & en leur envoyant aussi une Chemise d'argent du poids de cinq marcs remplie de Reliques de plusieurs Saints ; sur l'un des côtez du dehors de ladite Chemise l'on y avoit gravé le Mystere de l'Annonciation, & de l'autre côté il y avoit sur un Autel dans une grote l'Image de la Sainte Vierge tenant son Fils entre ses bras, & à ses pieds on lisoit cette Inscription. VIRGINI PARITURAE.

L'ancienne Eglise de Chartres qui honore singulierement la Sainte Vierge Mere du Fils de Dieu, saluë & souhaite une foy fondée & enracinée dans la charité à l'Eglise naissante des Hurons.

Nous avons appris avec beaucoup de joye, Messieurs ce que l'on nous a rapporté de la grandeur de vôtre foy, dont le bruit s'est même répandu par toute la terre. Car si vous aviez été comme ensevelys dans les tenebres & dans les ombres de la mort depuis la création du monde vous avez été éclairez dans ces derniers tems pour pouvoir marcher dans les voyes de la paix & du salut, & vous êtes devenus comme une lumiere éclatante en nôtre Seigneur par la misericorde de Dieu. Vous avez donc grand sujet de le remercier puis qu'il vous a accordé non seulement une grace si considerable que de vous avoir soumis & rendus obeissants à la prédication de l'Evangile, mais que n'ayant été envoyez dans la vigne du Pere de famille que vers l'onziéme heure du jour, vous ne laisserez pas d'obtenir la même recompense que ceux qui en auront supporté tout le poids & toute l'ardeur en travaillant depuis le matin jusqu'au soir. Ne vous persuadez donc pas que nôtre pieté

& nos œuvres soient de plus grande consideration que les vôtres auprés de Dieu & de la Sainte Vierge parce que nos Peres ont eu l'avantage au dessus des vôtres d'avoir été instruits des Mysteres de nôtre Religion dés la naissance de l'Eglise & de les avoir ainsi precedez par la foy. Car nous avons grand sujet de craindre que si nous avons été assez heureux pour recevoir ce grand don les premiers dans ce monde, nous n'en recevions la recompense que les derniers dans le Royaume des Cieux.

Neanmoins M. nous avons tant de confiance dans la grandeur de cette foy qui est encore toute nouvelle dans vos cœurs, & dans les ardeurs de la charité dont vous êtes embrasez que nous esperons par vos merites & par vos prieres obtenir le pardon de nos fautes & le renouvellement de nôtre vie. Au reste nous avons receu vôtre vœu qui nous est beaucoup plus prétieux par la pieté & par le zele de ceux qui le presentent que par la matiere & par l'ouvrage qui le composent; nous l'avons exposé au haut de l'Autel où l'on revere la Sainte Vierge à qui vous l'aviez addressé afin que tous ceux qui entreroient dans ce lieu saint vissent, admirassent, se réjoüissent & publiassent par tout que ce n'est pas seulement la grandeur du nom de Dieu qui s'est répanduë depuis le lever du Soleil jusqu'à son couchant; mais que celuy de la Sainte Vierge y est aussi veneré par tous les peuples qui ont reçû la lumiere de l'Evangile. Nous vous prions donc aussi, M. que vous ayez agreable de recevoir le present que nous vous envoyons, il paroit peu considerable à la verité, cependant nous pouvons vous assûrer qu'il est tres-saint, puisqu'il renferme les Reliques de plusieurs Saints, qu'il represente la sainte Chemise que nous conservons religieusement dans nôtre Eglise, & qu'il a reposé pendant neuf jours sur la Chasse qui renferme ce prétieux Tresor. Il ne reste plus N. qu'à vous conjurer que comme nous vous avons rendus participants de toutes les prieres & de tous les suffrages de nôtre Eglise, vous ayez aussi la charité de vous souvenir toûjours de nous dans vos Oraisons afin que glorifiant Dieu le Pere de nôtre Seigneur J. C. d'un même esprit & d'une même bouche nous puissions tous ensemble arriver á la même gloire par les prieres & les merites de la bienheureuse Vierge Marie nôtre Patrone. Adieu.

A Chartres le 2. Mars 1680.

LE Collier des Hurons est un tissu de porcelaine blanche & noire d'environ cinq pieds de long sur trois pouces de large qui compose cette Inscription *Virgini Pariturae Votum Huronum*. Il fut envoyé au Chapitre de Chartres en 1678.

Le Collier des Abnaquis est

pareillement un tissu de grains de porcelaine de six pieds de long sur six pouces de large qui porte cette Inscription, *Virgini Matri Abnaquæi D. D.* Cette Ceinture est d'un travail extraordinaire étant composée de plus d'onze miliers de grains en maniere de cilindres percez dont dix miliers sont de porcelaine noire qui est l'or de cette Nation & ce qu'ils ont de plus précieux, le reste sont des grains blancs de pareille figure qui leur tiennent lieu d'argent & qui forment les Lettres de leur Vœu. Cette Ceinture ou Collier fut presentée au Chapitre de Chartres au mois de Septembre 1699. & l'une & l'autre se conservent dans le Tresor de l'Eglise.

REMERCIMENT

des Hurons envoyé au Chapitre de Chartres en Langue Latine par le R. P. Potier Jesuite, sur la Chemise de Chartres, d'argent remplies de Reliques qu'on leur a envoyée; & traduite en François dans l'idiome & l'expression naturelle de ces Sauvages, par le R. P. Lamberville Jesuite & ancien Missionnaire de Canada.

Du 11. Novembre 1680. De Lorette en Canada.

La nouvelle Eglise des pauvres Hurons saluë tres-humblement en JESSOUS, *les Doyen & Chapitre de la tres-ancienne & tres-venerable Eglise de Chartres.*

ON nous a fait voir une belle & grande † *Ecorce parlante*, dont nos Peres qui nous instruisent,

† Lettre écrite sur papier.

entendent, & nous ont raconté la voix. C'est vôtre voix même, Et voicy comme elle est faite. Nous promettons de dire au grand Maître de nos vies, que nous pensons qu'il aye pitié de vous tous, comme de nous ; & que quand nous ferons bien, vous soyez censez faire bien avec nous. Mais voicy comme nous autres gens de rien pensons, & admirons. O que nous sommes heureux d'aprendre que vous qui ne péchez point, qui êtes les grands amis du Seigneur de la Terre & du Ciel, qui avez abondamment tous vos besoins, vous qui êtes considerables dans vos familles & dans les conseils où vous vous distinguez par vôtre grand esprit, vouliez bien songer à nous qui sommes des ontoüagannha, c'est-à-dire, des gens grossiers que vous apelez Sauvages qui sont pauvres, & sans esprit !

Nous avons enfuite ceffé d'admirer que vous ayiez fi bien penfé & fi bien parlé de nous au grand Maître de nos vies, pour qu'il nous introduife dans le Ciel. C'eft que vous avez reffemblé ces grandes voix, & ces Confiderables parmi vous, qui aprochent avec plus de fuccez que les gens du commun. Celui qui leve la tête plus haut que les autres que vous apelez Roy, & nous, la haute montagne, lequel vous tâchez de reconcilier par vôtre credit avec fes enfans contre qui il étoit fâché. Vous voulez que ce grand Roy du Ciel ne fe fâche point contre nous, & qu'il nous aime, & qu'il nous permette d'entrer dans l'heureux pays des Ames quand nous mourons. Vous reffemblez ces grands arbres, & nous ces lierres qui rampent en terre, fans pouvoir s'élever qu'en s'attachant aux arbres les plus hauts :

ainſi nous vous prions qu'en nous joignant à vous, vous nous éleviez juſqu'au Ciel.

Vous nous parlez encore dans cette grande écorce, & vous nous expoſez un preſent d'un métail blanc & precieux, tant par ſon poids que par ſa reſſemblance à la Chemiſe de celle qui enfanta ſans connoître d'homme. Il y a, dites-vous dans cette Chemiſe des oſſemens des bons Chrêtiens, dont l'ame eſt allée au Ciel aprés avoir bien vêcu, en ſuivant la voix du grand Maître de nos vies, que IESSOUS nous eſt venu du Ciel raconter en terre. En voyant ces Oſſemens, nous avons penſé que de vôtre pays vous avez apperçu que nos cabanes réünies en Village étoient inceſſamment environnées des Nations venuës du fond de la terre pour nous y entraîner & nous y traitter en Eſclaves dans des creux horribles, où le feu ne s'éteint point.

Vous avez eu pitié de nous en nous donnans par ces Ossemens precieux un excellent preservatif contre le poison, dont ces ennemis de nôtre bonheur se servent pour nous corrompre, nous infecter & nous perdre. Cette nation sortie des entrailles de la terre, ne pourra souffrir la presence de ces Ossemens qui serviront de pallissade à nôtre Village contre leurs attaques. Les bons esprits qui animoient ces os precieux viendront à nôtre secours, & nous feront vivre doucement d'oresnavant sous leur bouclier, & sans être troublez de la crainte.

Quand le mauvais esprit venu des creux de la terre voudra nous gâter l'esprit & nous faisant penser de quitter nôtre village (devenu saint par la demeure de ces os) parmi nous, pour aller courir comme des bêtes vagabondes dans les bois: alors le souvenir que nous aurons de ne pas abandonner nos protecteurs en les laissant seuls, nous retiendra comme avec une corde bien forte dans le lieu où nous devons être attachez au service de IESSOUS & de MARIE, afin qu'un jour nous demeurions dans de belles cabanes qui font le grand & beau Village de JESSOUS, & où les Esprits Saints dont nous avons les os, font leur demeure pour toûjours.

De plus par la presence de ces Ossemens nous sçavons estimer combien vaut nôtre affection pour la mere de celuy qui a fait le Ciel & la Terre, puisque vous nous en donnez des marques jusqu'en deçà du grand Lac Sallé, où il semble que vous nous fassiez souvent entendre par vos presents dignes de vous, Honorez Marie comme nous l'honorons.

A ces deux grandes preuves de vôtre bon esprit pour nous, nous disons tres-veritablement deux fois grand mercy, & nous avons affermi nôtre esprit (qui comme nous croyons ne mentira point, aidé qu'il sera du maître du Ciel) pour ne rien faire ni penser, qui avilisse l'estime que nous faisons d'être de vos amis & plus qu'amis, car vous nous aimez comme si nous étions vos enfans puisque vous avez pensé ensemble, nous adoptons & prenons pour nos enfans ceux a qui nous avons envoyé nos presens: c'est ce qui nous exhorte à ne point deshonorer cette qualité; en faisant mal au lieu de faire bien, nous la deshonorerions.

Nous n'avons rien à vous dire & encore moins à vous donner pour reconnoître la pitié que vous

avez de nous. Voicy ce que nous penfons, c'eft de prier fouvent le grand maître de nos vies qu'il aye auffi pitié de vous en vous aimant toûjours de plus en plus à caufe de vôtre bonne vie exempte de faire ou de penfer mal & lorfque nous aprendrons que quelqu'un de vous ayant affez goûté la terre, fera allé au païs des ames, nous ferons pour lui les prieres que nous avons coutume de faire étant affemblez dans la Sainte Cabanne pour ceux qui nous ont fait du bien tandis qu'ils vivoient fur la terre. Voila tout ce que nôtre fouvenir de ce que vous avez daigné vous abaiffer jufqu'à nous de la maniere que nous venons de raconter, peut offrir à vos perfonnes faintes & que Yeffous aime extremement devant qui nous fommes fi petits en comparaifon de vous, qu'à peine nous
dai-

daigneroit-il regarder, si vous ne le priez de ne nous pas mepriser entierement.

Parce que nous ne sçavons pas faire parler l'Ecorce blanche ni vous aller trouver, pour vous faire entendre & voir comme nôtre voix est faite, nous avons emprunté le secours de nos Peres qui nous instruisent, pour vous raconter ce que le conseil de nôtre nation Huronne assemblé, desire que vous appreniez.

LETTRE DU PERE

Chaumonnot Jesuite, Missionnaire des Hurons, au Chapitre de Chartres sur les Ceremonies qui se firent en nouvelle France à la reception de la Chemise de Chartres, envoyée à cette Nation., & de la devotion extraordinaire qui parut dans le Pays pour les Saintes Reliques dont elle étoit remplie.

Du 11. Novembre 1680.

MESSIEURS,

Il paroît bien que vous êtes les vrays & devots Serviteurs de la Vierge, puisque vous êtes imitateurs de ses Vertus, particulierement de son humilité : N'est-ce pas être bien humble, que des personnes comme vous si éminentes en vertu, en doctrine & en Noblefse ayent daigné admettre de pauvres Sauvages à la participation de leurs prieres. Pour peu d'amitié qu'une personne de qualité montre à un pauvre Païsan, il s'en tient grandement obligé, quels ressentiment donc de reconnoissance n'auront pas nos Hurons pour vous de qui ils ont reçu de si manifiques Presents? Ils auroient certes sujet de dire à chacun de vous ce que le devot Saint Bernard disoit au Sauveur, *tanto mihi carior quanto pro me vilior* ; vous avez d'autant plus justement gagné nos respects & nos affections, que vous vous étes plus abaissez en nous associans tous pauvres Barbares que nous sommes à vos personnes. Je ne trouve aucun passage en l'Evangile où nôtre Seigneur fasse parroître plus de joye, que celle qu'il témoigna un jour à l'occasion de la Bonté de son pere à se communiquer à ceux pour qui le monde n'a que du mépris. Je ne doute nullement, Messieurs, que vous ne luy ayez causé une nouvelle joye, lors que vous avez fait pour nos pauvres Neophites, ce que vous n'avez peut-être jamais fait même pour des personnes de la premiere qualité, & ainsi vous avez dû faire repeter dans le Ciel au Sauveur ce qu'il a dit sur la terre, *Confiteor tibi Pater*, &c. je vous rends grace mon Pere de ce que vous avez communiqué vôtre esprit aux bons Serviteurs de ma Mere, en leur inspirant d'admettre à la participade leurs Oraisons & Suffrages des Sauvages, les derniers des hommes à l'exclusion de tant d'autres personnes dont tout le monde admire la sagesse & les beaux talents. Je craindrois, Messieurs, d'offenser vôtre modestie, de parler icy davantage de l'honneur que vous meritez, pour vous être bien voulu ravaller jufqu'à cette focieté de prieres & de gain fpirituel avec de pauvres Sauvages; Je fuis certain que vous ne fouhaittez pas tant de fçavoir l'eftime que l'on a icy de vôtre vertu & de vos merites, que d'aprendre l'honneur qu'on a rendu aux Saintes Reliques que vous avez eû la bonté de nous envoyer, C'eft ce que je vas faire.

Etans convaincus du culte que l'on doit rendre aux vrayes Reliques des Saints, & aux principaux Signes de nôtre Redemption, comme font la Croix où le Sauveur eft mort, & la chemife qu'avoit la Vierge lorfqu'il nâquit d'elle; Nous avons tâché de ne rien omettre de tout ce que nous avons pû la premiere fois que nous expofâmes à la veneration publique la Chemife d'argent, & les Reliques que vous avez eu la bonté de nous envoyer. Voici donc ce que nous avons fait : Quelques jours devant la Toussaint nous publiâmes, tant aux François, qu'aux Sauvages, que vôtre illustre Compagnie avoit envoyé à l'Eglise naissante des Hurons un riche don avec quantité de Reliques que nous ferions voir & honorer le jour de cette Fête. Nous ornâmes nôtre Autel le mieux que nous pûmes, & preparâmes une belle niche au dessus du Tabernacle pour y élever vos Saintes Reliques. Le lendemain tout le monde étant assemblé dans la Chapelle de la Vierge, le Pere Potier, qui a soin avec moi de la Mission, fît un discours aux François de l'estime que l'on devoit faire des Reliques que nous avions reçuës de vous, & de la Chemise qui les renferme. Je dis le même en Huron aux Sauvages, en adjoûtant qu'ils vous avoient une troifiéme obligation de ce que vous les aviez, comme adoptez, en leur donnant part à tous vos biens spirituels comme à leurs vrays enfans. Ensuite le Pere s'étant revêtu d'une belle Chappe que Madame la Gouvernante de Caën nous a envoyée cette année, & étant accompagné de deux Acolytes en en robbes rouges & surplis, il encensa le Reliquaire, & les Reliques qui étoient au millieu de l'Autel, & puis pour remercier la B. Vierge de ce qu'accompagnée d'un bon nombre de ses Serviteurs & Servantes, elle venoit de sa plus ancienne maison prendre possession de celle qu'on luy a nouvellement faite icy, il entonna l'*Ave Maris stella*, & les prieres finies, le Pere ouvrit le Reliquaire pour donner la consolation au peuple de voir les sacrées Reliques qu'il contient, il permit même à plusieurs

de

de les baiser. Aprés il les remit dans la niche où elles furent exposées tout le reste du jour. Aussi-tôt on chanta la Grande Messe, qui fut dite pour vous; & tous ceux que la celebrité de la Fête, & la sainte curiosité avoient attirez à nôtre Chapelle furent invitez d'offrir pour vous la Communion qu'ils alloient faire. Tous nos Neophites firent le même. Ceux qui ne purent pas ce jour-là vous rendre ce devoir, s'en sont acquitez depuis. L'aprês-dîner les principaux Hurons étans assemblez dans la plus grande cabanne du Bourg, je leur demanday quels sentimens ils avoient d'avoir reçu un si saint & magnifique present. La Lettre Latine qu'on vous envoie est un sincere & veritable recit de ce que les deux Capitaines & quelques anciens dirent au nom de tous. Alors on conclud que vous auriez aussi part à tout ce qui se feroit jamais de prieres & de bien dans leur Mission : que tous les jours on priroit Dieu pour votre illustre Compagnie, qu'on auroit une singuliere devotion aux Saints dont on vous nous avez envoyé des Reliques, comme à nos nouveaux Patrons, & que la Chemise d'argent seroit toûjours exposée dans une belle niche au dessus de nôtre Tabernacle.

Je suis bien aise Messieurs d'avoir cette occasion de vous témoigner l'estime que nous faisons, & le respect que nous portons à vôtre saint & venerable Chapitre, dont on nous a fait un si grand recit, & duquel je ne manque point depuis long-tems de me souvenir particulierement dans mes prieres, ce que je continuëray de faire tout le reste de ma vie ; y étant maintenant plus obligé que jamais aprés avoir honoré de si beaux dons nôtre chere Mission. Je suis avec respect.

Lettre du Reverend Pere Bouvart Jesuite, Missionnaire de Canada au Chapitre de Chartres, sur la reception de la Chemise de Chartres, & des Reliques envoyées aux Hurons, du 12. Novemb. 1680. à Quebec.

Messieurs,

Vous excuserez, comme je crois, la liberté que je prens, d'écrire à vôtre illustre Compagnie : puisque c'est vous-même qui m'en avez imposé l'obligation, en m'adressant d'une maniere si engageante le tres-beau, le tresriche & le tres-saint Present, que vous faites à nôtre Mission Huronne, & dont tous nos Peres & moy ne pouvons vous témoigner assez de reconnoissance, l'ayant reçu le quinziéme d'Octobre dernier, je le fis voir icy à toutes les personnes de merite, entre lesquelles, Monseigneur de Laval premier & tres-digne Evêque de Quebec souhaitta que je vous asseurasse de sa part, qu'ayant toûjours fait une estime toute particuliere de vôtre illustre corps, il en avoit encore une toute autre idée en voyant un don & une Lettre si dignes de vôtre zéle pour l'augmentation de la Foy. Les Communautez des Religieuses Ursulines & Hospitalieres me prierent de leur laisser un jour entier la Chemise d'argent, afin de faire un Salut à la Sainte Vierge devant ce Reliquaire sacré, & de rendre au moins quelque respect au Saints, dont elles voyoient avec joye les precieuses Reliques. Tous nos Religieux, aussi-bien que Messieurs les Chanoines & les Ecclesiastiques de cette Ville, que j'oubliois, n'y ont pas eu moins de devotion : & il les ont même surpassés par la juste approbation qu'ils ont tous donné à vôtre Lettre toute Apostolique. Nôtre R. Pere Superieur nous ordonne de prier tres-particulierement pour vous tous, comme pour d'insignes Bienfaiteurs de cette Mission ; & il me fit mettre un billet exprés dans nôtre Sacristie, afin que l'on se ressouvint de s'acquitter d'un si legitime devoir. Aussi ne se peut-il rien de plus obligeant que la maniere dont vôtre compagnie en a agi dans cette occasion, où elle a fait parroître & sa liberalité en offrant un present d'un tres-grand prix, & sa capacité en l'accompagnant d'une Lettre si spirituelle pour les pensées, si pure pour le style, & si pleine de l'esprit divin, qu'il ne se peut rien de mieux, & sa pieté en envoyant une chose si sainte, & en l'accompagnant de tant de prieres, de Communions, de Messes, & de bonnes œuvres offertes, & à offrir pour nos pauvres Sauvages, ausquels vous faites l'honneur de vous les associer comme vos enfans & vos heritiers en Jesus-Christ ; puisque vous leur faites part de tous vos biens spirituels. Il n'est pas jusqu'à la tres-belle graveure de la Chemise d'argent, qui ne marque l'alliance que vous faites de Nôtre-Dame de Chartres, avec Nôtre-Dame de Lorette en Canada : puisque representant d'un côté l'ancienne & la miraculeuse Image de la Vierge avec sa grotte faite par les Druides ; de l'autre elle represente le Miracle des Miracles, c'est-à-dire, le Mystere de l'Incarnation qui s'accomplit à Nazareth dans l'originaire, maison de nôtre nouvelle Lorrette. J'ay bien eû du déplaisir, qu'un gros rhume, dont je ne suis pas encore tout-à-fait quitte, m'ait empêché de porter moi-même vos Presens à cette Mission, qui n'est qu'à trois lieuës de cette Ville. Je l'ay donc envoyé aux RR. PP. Chaumonnot & Potier, qui sont les Missionnaires des Hurons. Le premier travaille à leur conversion depuis plus de quarante-deux ans, le second me succeda, lorsque j'en fus retiré par l'obéïssance pour prendre icy la place d'un de nos Peres qui enseignoit la Theologie, & qu'une fluxion sur la poitrine nous enleva. Ces deux autres Peres se donnent l'honneur de vous écrire pour marquer

quer à vôtre tres-illustre Corps, comment ces élûs sauvages ont reçu de si bons & de si riches gages de vôtre affection. Vous serez peut-être surpris que de pauvres gens élevez au milieu des bois & des forêts, soient capables d'avoir les sentimens que l'on vous marque dans ces Lettres, nommément dans la Latine. Mais vous sçaurez, Messieurs ? que leur coutume, lorsqu'ils ont quelque affaire, c'est d'assembler le Conseil composé de tous les principaux du Bourg. La chose étant proposée par un des Capitaines, chacun dit son avis, même les femmes. Ensuite on examine qu'elles sont les meilleures raisons que l'on a apportées sur le sujet dont il s'agit. On donne aprés quelque ordre à celles dont on a fait le choix. Enfin quelqu'un repete comme en un corps de discours, toutes les lu-

D

mieres que l'on a euës dans l'af-
semblée, & tous les moyens que
l'on doit tenir pour faire réüssir l'affaire. C'est, Messieurs, ce qu'ils
ont fait à vôtre sujet. Aprés quoy
ils ont prié les Peres de vous faire
sçavoir leurs pensées & leurs sentimens en une Langue qui vous
fût connüe, sachant par experien-
ce que leur Huron ne l'est pas aux
François. Nos deux Missionnaires
de Lorette ayans tâché de s'acqui-
ter le mieux qu'ils ont pû de cette
commission, & vous ayans écrit
tout ce que je vous pourrois mander sur ce sujet, il ne me reste plus,
sinon de vous assûrer de mes respects & de mon souvenir princi-
palement à l'Autel; de vous demander quelque part dans vos
saints Sacrifices, & dans vos bonnes prieres & de vous suplier tous
de me croire en verité.

Lettre de Remerciment du R. P. Bigot Jesuite, Missionnaire envoyée de nouvelle France au Chapitre de Chartres, pour la Nation des Abnaquis, sur la Lettre que le Chapitre leur a écrite pour les assûrer des prieres de l'Eglise, & leur faire esperer un Present de Reliques.

MESSIEURS,

NOS chers Abnaquis ont été charmez de la Lettre que vous leur avez fait l'honneur de leur écrire. Leurs gestes & leurs manieres, quoy que Sauvages, si vous aviez pû en être témoins, vous auroient persuadé de la sincerité de leur reconnoissance. Auparavant que de la tourner en leur Langue ; je l'ay luë, & relüe bien des fois, pour y puiser cet esprit de ferveur & de zéle, dont elle est animée : afin de le faire couler, autant qu'il me seroit possible dans dans la version que j'en voulois faire. Permettez-moy, Messieurs, de vous le dire : je reconnois dans cette aimable Lettre les caracteres des Fils aînez de la Sainte Vierge. Non, personne ne peut vous disputer cette illustre qualité ; puisqu'enfin vous avez l'honneur d'être gardiens de ce saint Temple, de ce Temple si recommandable par son antiquité ; bâty en l'honneur de cette incomparable Vierge, qui devoit enfanter, mais bâty longtems auparavant qu'elle nâquît. J'ose âjoûter. Puisqu'elle vous choisit elle-même, pour être les depositaires du plus precieux tresor que nous ayons d'elle. Je ne suis point surpris, Messieurs, que vous ne respiriez dans vôtre Lettre, que l'amour du Fils & de la Mere: & que vous tâchiez de l'inspirer à nos chers Sauvages, & d'unir ces deux amours dans leurs cœurs. Peut-on appartenir de si prés à la Mere, sans avoir à cœur les interests du Fils? Je vous avouë, Messieurs, que je ne sçaurois vous marquer, autant que je le souhaitterois, les sentimens sinceres d'estime & de respect, que j'ay pour vous. Je peux bien vous dire que mon cœur a beaucoup plus de part que ma plume à ce que je me donne l'honneur de vous écrire. Mais de quelle utilité vous peut être toute l'estime qu'à pour vous un pauvre Missionnaire à un bout du monde, lorsque cette vie si exemplaire & si religieuse que vous menez, vous attire l'estime & l'approbation de tous ces concours de Peuples, qui vont continuellement honorer vos sacrés Dépôts. Au moins me satisfay-je un peu moy-même en cela, vous marquant de l'unique maniere dont je le peux, l'extréme reconnoissance que j'ay en mon particulier de l'honneur que vous faites à nos Abnaquis. Ils attendent avec impatience le magnifique present que vous avez la bonté de leur faire. L'on a conseillé à mon frere de ne nous l'envoyer que l'année prochaine; de peur qu'il ne tombât entre les mains des Anglois nos ennemis. Lorsque nos chers Chrétiens l'auront reçû, ils vous en remerciront eux-mêmes: & je ne feray pour lors que leur interprete. En attendant que j'aye l'honneur de vous écrire, permettez-moy de vous demander un peu de part dans vos prieres, sur tout, lors que vous celebrerez les Ss. Mysteres dans la sainte & venerable Maison de vôtre grande Reine : & de vous assûrer tous en particulier de toute la sincerité de mon cœur, que je suis avec un tres - profond respect

AUTRE LETTRE

du R. Pere Bigot Jesuite, Directeur des Abnaquis, au Chapitre de Chartres, en remerciment de l'aſſociation de cette nation, aux prieres qui ſe font en l'Egliſe de Chartres, & ſur le preſent d'un Colier ou Ceinture de Porcelaine fait par ces Sauvages, à la Sainte Vierge.

Messieurs,

JE ne ſçaurois penſer qu'avec des ſentimens d'une extrême reconnoiſſance à la grace que vous avez faite à nos chers Abnaquis : & rien ne me paroît plus capable d'entretenir leur ferveur, que de leur remettre de vant les yeux cette sainte association qui les unit à vous, cette sainte union, que vous avez bien voulu contracter avec eux. Il y a trois ou quatre mois que, trouvant icy leur Réponse à l'obligeante Lettre que vous leur avez fait l'honneur de leur écrire sur cela, la pensée me vint de la renouveller, & de vous la renvoyer avec un nouveau Présent pour la Tres-Sainte Vierge. Lorsque je la leur proposai, ce fut un applaudissement si general, qu'il ne me laissa aucun lieu de douter que je ne leur fisse un extreme plaisir. Ils ne penserent donc plus qu'à faire faire un Collier de Porcelaine le plus manifique, disoient ils, qui se fût jamais fait, & à fournir aux meilleurs Ouvriers du Village, que l'on choisissoit pour cela, tout ce qu'il faudroit pour le bien executer. Pour ce qui est des Paroles qui devoient y être écrites, je leur en donnai un modelle : & c'est tout ce que j'ay pû contribuer de ma part avec la version françoise que j'ay faite, ce me semble avec la derniere exactitude: nôtre langue me paroissant plus capable que la Latine des tours de la langue

Abnaquienne. Je vous supplie donc, MESSIEURS, au nom de tous nos fervens Chrétiens de vouloir bien encor offrir à la Sainte Vierge ce petit présent. Quoyqu'il n'ait rien que de sauvage, elle y verra parfaitement leur cœurs, & tous les sentimens d'amour & de tendresse dont ils sont pénétrez en le lui offrant. Nous lui avons déja offert icy, le mettant aux pieds de sa Statuë, pendant deux neuvaines entieres, durant lesquelles, outre les prieres extraordinaires que l'on faisoit tous les jours pour vous, l'on chantoit l'*Inviolata* en Musique à la fin du S. Sacrifice de la Messe Nous implorions tous ensemble pour vous, Messieurs, le secours & la protection de vôtre grande Reine: & de mon côté, rempli que j'étois d'une sainte joye, je la suppliois du meilleur de mon cœur de vous faire sentir l'effet de nos vœux & de nos prieres, par un accroissement & un renouvellement de ferveur en son Saint amour. Entre les deux neuvaines, dont la premiere commença le jour de l'Assomption, & la seconde le jour de la Nativité de la Sainte Vierge, & qui finirent toutes deux le lendemain de

E ij

l'Octave de ces deux Fêtes, Nous fimes un Service sollennel pour les défunts de vôtre illustre Corps, afin de vous marquer que nôtre reconnoissance vous accompagnera jusqu'au tombeau, & au de-la du tombeau même, par nos prieres & par nos vœux. Ces saintes actions se font avec tant de modestie, de ferveur, d'exactitutude pour le chant, que les personnes qui en sont témoins ne peuvent souvent retenir leurs larmes, en y assistant. Peut-être que vous-même, Messieurs, tout acoûtumez que vous soyez à entendre chanter juste, vous seriez surpris de voir que des Sauvages soient capables d'une si grande exactitude dans le chant : & que dans la varieté des chants qui composent, par exemple, la Messe des Morts, dans ceux que l'on fait aprés la Messe, sur la representation, Ils suivent la note aussi exactement que s'ils avoient des livres devant les yeux. Tout se chante en leur langue, excepté ce qu'ils répondent en latin au celebrant. Les femmes sur tout ont de tres belles voix, aussi douces, & plus fortes que la voix des femmes Françoises. Le chœur des hommes prend la basse, lors que l'on chante quelque motet à trois ou à quatre parties : & toutes les autres parties sont soûtenuës par plusieurs voix égalles de femmes, qui s'accordent parfaitement, & qui ne s'écartent pas le moins du monde de leur ton, dans les reprises même des chants, après quelque repos. Vous me pardonnerez bien, Messieurs, une si longue digression, qui vous fera un peu connoître les personnes que vous avez bien voulu honorer du nom de vos Freres. Mais je compterois peu sur ces qualitez naturelles, & je ne croirois pas qu'elles les dûssent rendre dignes de l'honneur que vous leur faites, s'ils ne le meritoient un peu d'ailleurs. Si vous voyez, Messieurs, leur ferveur, leur innocence, & l'éloignement extrême qu'ils ont des moindres petites fautes, leur docilité pour nos saints Mysteres, leur modestie en y assistant, leur application continuelle à penser à Dieu, leur amour pour Jesus-Christ crucifié, & pour sa tres-sainte Mere, qui va trés souvent jusqu'à une extrême tendresse, un desir héroïque des souffrances en quelques-uns, jusqu'à donner des marques sensibles de leur joye lors qu'ils souffrent le plus, enfin toutes les marques de prédestination qui accompagnent ordinairement leur sainte mort : je suis sûr que vous seriez sensiblement touchez d'un spectacle si doux & si consolant. C'est aussi là, MESSIEURS, la consolation des Missionnaires, parmi les petites peines, qui sont jointes à leur employ : & c'est par là que nôtre Seigneur les y soûtient. Oserayje, MESSIEURS, vous demander une grace ? c'est de le remercier pour moy de l'honneur qu'il m'a fait de m'appeller dans ces Missions, & de m'y conserver depuis prés de vingt ans, quelque éloigné que je sois de la ferveur & de la vertu de tant de braves & de Saints Missionnaires qu'il y a occupez, & qu'il y occupe encor maintenant. Pourez vous aimer, & être unis si étroitement avec les enfans, sans vous interesser un peu pour leur Pere & pour leur Missionnaire ? Comptez, s'il vous plaît, Messieurs, que je n'auray pas moins de reconnoissance qu'eux de la grace que vous me ferez, & que tous les jours de ma vie je me souviendray de vous dans le temps le plus precieux de la journée, à l'Autel, y celebrant nos adorables mysteres. Je suis de tout mon cœur & avec un très-profond respect.

MESSIEURS,

Vôtre très-humble & très-obéÿssant serviteur V. BIGOT, de la Compagnie de Jesus.

De la Mission des Abnaquis proche Quebec, ce 25 Septembre 1699.

Réponse

Réponse des Abnaquis en langue Abnaquienne, de la Mission de S. François de Sale, près Québec; & leur remerciment à la Lettre & au Present du Chapitre de Chartres, contenant leurs vœux & leur singuliere dévotion à la sainte Vierge honorée dans l'Eglise de Chartres à laquelle ils envoyent un Colier ou Ceinture tres-magnifique, en signe de leur soumission; traduite en françois par le R. P. Bigot Jesuite leur Directeur.

Du 25. Septembre 1699.

Missimus renovare cum eis amicitiam & Societatem pristinam. Macab. c. 12.

Nous vous saluons d'ici où vous êtes, nous vous saluons cent & cent fois, Seigneurs, illustres serviteurs le Marie, laquelle étant toujours Vierge, n'a pas laissé d'enfanter le grand Dieu qui gouverne le Ciel & la Terre. Nous vous saluons cent & cent fois tres-humblement, nos Seigneurs & nos Peres. Car enfin *il* apartient bien à nous de vous apeller nos freres, quoyque vous vouliez bien nous honorer de cette qualité? Et comment, illustres Serviteurs dans la Maison de Marie, serions nous dignes de vous appeller nos freres, nous qui nous jugeons même indignes de vous nommer nos Seigneurs & nos Peres? Que l'on est digne de compassion, lorsque l'on ne trouve point de paroles, qui répondent parfaitement à la grandeur des sentimens du cœur! Nous avoüons que nôtre langue ne nous en fournit point d'assez énergiques, pour peindre vivement à vos yeux la grandeur de nos sentimens: soit que peut-être on ne se soit pas encor avisé de vouloir dire en nôtre langue ce que nous voudrions dire: soit qu'en effet elle n'ait pas eû de termes capables d'exprimer la force de nos pensées. Nos Seigneurs, & nos Peres, tout iroit le mieux du monde, si, au lieu de nos foibles paroles, nous pouvions vous envoyer nos cœurs même, afin que vous pûssiez y voir à découvert les sentimens sincéres d'estime & de reconnoissance qu'ils ont pour la grace & l'honneur que vous nous faites.

Graces au Ciel, ce que vous nous envoyez, ce je ne sçai quoi d'infiniment precieux est arrivé. Dieu sçait quels espaces de terres & de mers il lui a fallu traverser, pour arriver icy! Il y avoit bien long-tems que nous l'attendions avec empressement.

Dés le moment que nous fumes avertis de la grace que vous vouliez bien nous faire, tous nos regards & nos pensées se tournerent toûjours avec empressement du côté de la France, sans qu'il nous fût possible de les détourner ailleurs le moins du monde : comme si dés ce moment nos cœurs eussent été dans le lieu, où l'on gardoit le precieux Tresor que nous attendions avec impatience. Mais qui pourroit dire les craintes dont nous étions quelque fois saisis, en faisant reflexion au peu de seureté & aux méchantes coûtumes de la mer ? helas peut-

F ij

être, difons nous, que la mer nous enlévera nôtre prétieux Trefor, & qu'il ne viendra pas jufqu'à nous! Mais enfin, graces au Ciel, il eft arrivé. Graces au Ciel, nous avons le bonheur de le voir de nos yeux & de lui rendre nos devoirs. Soyez donc le bien venu, illuftre Don des fils aînez de Marie, dans lequel paroît tres-évidemment la bonté qu'ils ont pour nous, pour nous qui en fommes infiniment indignes.

Pour ce qui eft de vôtre Lettre, nos Seigneurs & nos Peres, de quel agreable furprife ne nous comblat'elle pas? de quelles paroles choifies n'eft-elle pas compofée? cela va jufques à l'admiration. Vos difcours n'ont rien des difcours humains. Ce font des difcours venus du Ciel, par lefquels vous voulez nous donner de l'efprit à nous qui n'en avons point. Qui pourroit exprimer le plaifir que nous prenons à les entendre ces celeftes difcours, lefquels de fi loin vous faites paffer doucement dans nos cœurs? Nous les y conferverons avec foin, tandis que nous vivron.

Non il ne nous échapera pas la

moindre chose de tout ce que vous nous dites. Nous les laisserons en leur entier à nos enfans, par heritage; afin qu'en les entendant, & en se les redisant les uns aux autres ces paroles qui vous sont venuës du Ciel, elles leur servent de regle & de conduite.

Il est vrai, nos Seigneurs & nos Peres, que nous aimions Marie qui est Vierge & Mere. Il est vrai que nous l'honorions sincerement. Mais il nous semble que tout d'un coup la surprise que nous cause vos admirables paroles augmente l'ardeur de nôtre amour pour nôtre bonne Maîtresse. Nous lui consacrâmes il y a quelques années nôtre Village, nos personnes, & enfin tout ce que nous sommes. Nous lui renouvellons tous les ans cette donation le jour qu'elle fut portée au Ciel en Corps & en ame. Nous faisons maintenant une priere à nôtre Pere, lui qui prent la peine de vous écrire nos foibles paroles: nous le prions de vouloir bien encor vous envoyer la Donation que nous avons faite à Marie. Et vous, nos bien-aimez Seigneurs & Peres, lorsque vous l'aurez reçuë, nous vous supplions de la présenter à Marie. Car enfin nous nous persuadons qu'elle la regardera plus favorablement, qu'elle la recevra avec plus d'inclination lui étant presentée par vous, qui êtes ses favoris. Mais nous vous demandons instamment une grace: ne nous la refusez pas: appliquez & faites toucher ce papier dans lequel est écrite cette Donation que nous faisons à Marie, où vous applicâtes le prétieux don que vous nous envoyez.

Peutêtre que de là il transpirera jusqu'à nous une nouvelle ardeur, qui augmentera nôtre amour pour nôtre Princesse & la vôtre.

Mais à propos, comment pourrons nous reconnoître vos bienfaits, nos treshonorez Peres, nous qui sommes indignes d'être écoutez? à la verité nous prions pour vous: nous faisons des vœux continuels à Marie en vôtre faveur. Peut-être qu'elle nous écoutera. Ses chers favoris, pour lesquels nous la prions, nous rendront dignes d'être exaucez. Apropos nous avons de nousmême sans le chercher ailleurs ce qui nous rend dignes d'être écoutez, étant étroitement unis avec vous qui avez bien voulu que nous fissions communauté de prieres & de bonnes œuvres. Comment donc ne faisant plus qu'une même chose avec des personnes si dignes d'être exaucées, ne le serions nous pas? Ainsi, ne trouvant pas auparavant dans nous-même de quoi reconnoître vos biensfaits à nôtre égard, vous suppléez à nôtre défaut, vous nous le fournissez, vous nous dignifiez, par cette étroite union que vous faites de nous à vos personnes. Et c'est par là même que vous pouvez tirer quelque avantage des prieres & des vœux que nous faisons pour vous.

Voila ce que nous avons à vous dire, nos Seigneurs & nos Peres, qui part du fond de nos cœurs. Nous aurons toûjours devant les yeux toutes vos saintes instructions. Nous conserverons prétieusement le prétieux Tresor que vous nous avez envoyé. Les pierres prétieuses ne nous seront rien en comparaison.

Enfin voila ce que vous disent les Abnaquis, qui ont pour Pere, & Patron, Saint François de Sales, & qui sont pleins de sentimens de reconnoissance à vôtre égard. Vous les entendez tous icy, puisque c'est leur sentiment commun, & qu'ils vous parlent tous ensemble. Nous vous souhaitons de longues années, nos Seigneurs & nos Peres; que vôtre illustre Princesse vous comble tous les jours de nouvelles faveurs. C'est icy que nous finissons de vous parler. Que ce Colier joint à nos paroles les affermisse.

DONATION que les Abnaquis de la Mission de S. François de Sales renouvellent tous les ans à la Sainte Vierge, le jour de l'Asomption, avant que de porter son Image par leur Village.

GRANDE MARIE, que la Terre & le Ciel nous entendent, & nous soient témoins de la sincerité de nos sentimens à vôtre égard. Que tous vos favoris rassemblez dans le Ciel nous entendent, & nous sçachent bon gré de ce que nous les imitons. Qu'ils nous soient témoins comme nos cœurs s'accordent avec nos paroles. Mais que Jesus nôtre Seigneur & nôtre Dieu,
nous

nous avoüe de nôtre sincerité, lui qui a voulu que vous le gouvernassiez dans son enfance, l'ayant mis au monde d'une maniere singuliere ; lui qui vous a fait la maîtresse universelle de toutes choses, & qui vous fait reconnoître pour telle par tout l'univers : comme si en effet il vous avoit mis entre les mains de son sauverain domaine. C'est lui même ce grand JESUS, lequel nous reconnoissons pour nôtre Seigneur, que nous voulons qu'il nous avoüe de la sincérité de nos sentimens ; puisqu'enfin il pénétre jusqu'au fond de nos cœurs, & qu'il voit que nous n'avons tous qu'une même pensée, qui est, que vous soyez pour toûjours nôtre Dame & nôtre Reine. Mais vous-même, MARIE, entendez-nous du Ciel où vous êtes : de la droite de vôtre Fils, où vous brillez avec un éclat incomparable : entendez-nous, & nous avoüez de tout ce que nous allons vous dire.

MARIE, illustre Dame, unique & incomparable Vierge, qui êtes la Mere d'un Dieu, il y a long-tems que nous attendons avec impatience l'heureux jour auquel nous devons tout de bon vous

G

choisir pour nôtre Dame, ne l'ayant été jusqu'à present que d'une maniere obscure & peu sensible. Prenez donc maintenant possession de nos personnes, & de ce que nous avons. Nous vous faisons la maîtresse de nôtre Village. C'est la pensée que nous avons en y portant vôtre Image. Si, pendant que l'on vous y portera, vous y faites rencontre dans les Cabannes de quelque chose, qui fasse l'objet de vôtre aversion, éloignez l'en au plûtôt. Que la colere, la désunion, la médisance, l'impureté, l'ivrognerie; que tout ce qu'il y a de monstres de pechez, dés le moment qu'ils sentiront les approches de vôtre illustre marche, prennent incontinent la fuite, & cessent leurs poursuites. Qu'il ne soit pas dit que le démon gâte une terre qui vous appartient. Ne dédaignez pas de demeurer avec nous; puisqu'en vous possedant, nous aurons en même tems toutes les vertus, qui vous accompagnent, & qui se trouvent par tout où vous êtes, la douceur, l'union, la charité, la docilité. N'ayez point de repugnance de demeurer avec nous, grande & illustre Dame. Quoique vous soyïez au milieu de nous, vils & méprisables que nous sommes, vôtre beauté & vôtre grandeur n'en seront nullement obscurcies. Au contraire nôtre bassesse & nôtre misere leur donneront un nouvel éclat. Comme l'on voit que ce qui est beau de soy-même paroît encor plus beau étant mis auprés de quelque chose désagreable & difforme.

Voila ce que nous vous disons, nôtre grande Princesse. Plût à Dieu que nos paroles fussent gravées sur quelque pierre bien dure, afin qu'elle ne s'éfaçassent jamais. Mais peuvent-elles s'évanouïr & se perdre, étant écrites dans nos cœurs? Les cœurs tendres de nos plus petis enfants en sont déja imprimez. Ils les feront passer à nos descendans, en leur apprenant combien nous vous aimions, & comme nous vous reconnoissions pour nôtre Reine. Et ainsi nôtre exemple leur servira dans la suite des tems de pressant motifs pour vous aimer, & pour vous reconnoître aussi pour leur Princesse.

Malheur à celui qui gâtera nôtre affaire, & qui s'éloignera des sentimens lesquels nous avons pour vous, que nous reconnoissons pour nôtre Dame. Que les rivieres tarissent plûtôt : cesse plûtôt le soleil d'éclairer : que toute chose finisse plûtôt qu'il soit jamais dit que nos descendans cessent de vous aimer, & de vous reconnoître pour leur Princesse. Ayez donc de l'amour pour nous, MARIE, nôtre grande Reine. Attirez sur nous la bienveillance de vôtre Fils. Puissions nous quelque jour être témoins de vôtre incomparable gloire à tous deux. Ainsi puisse-t'il arriver !

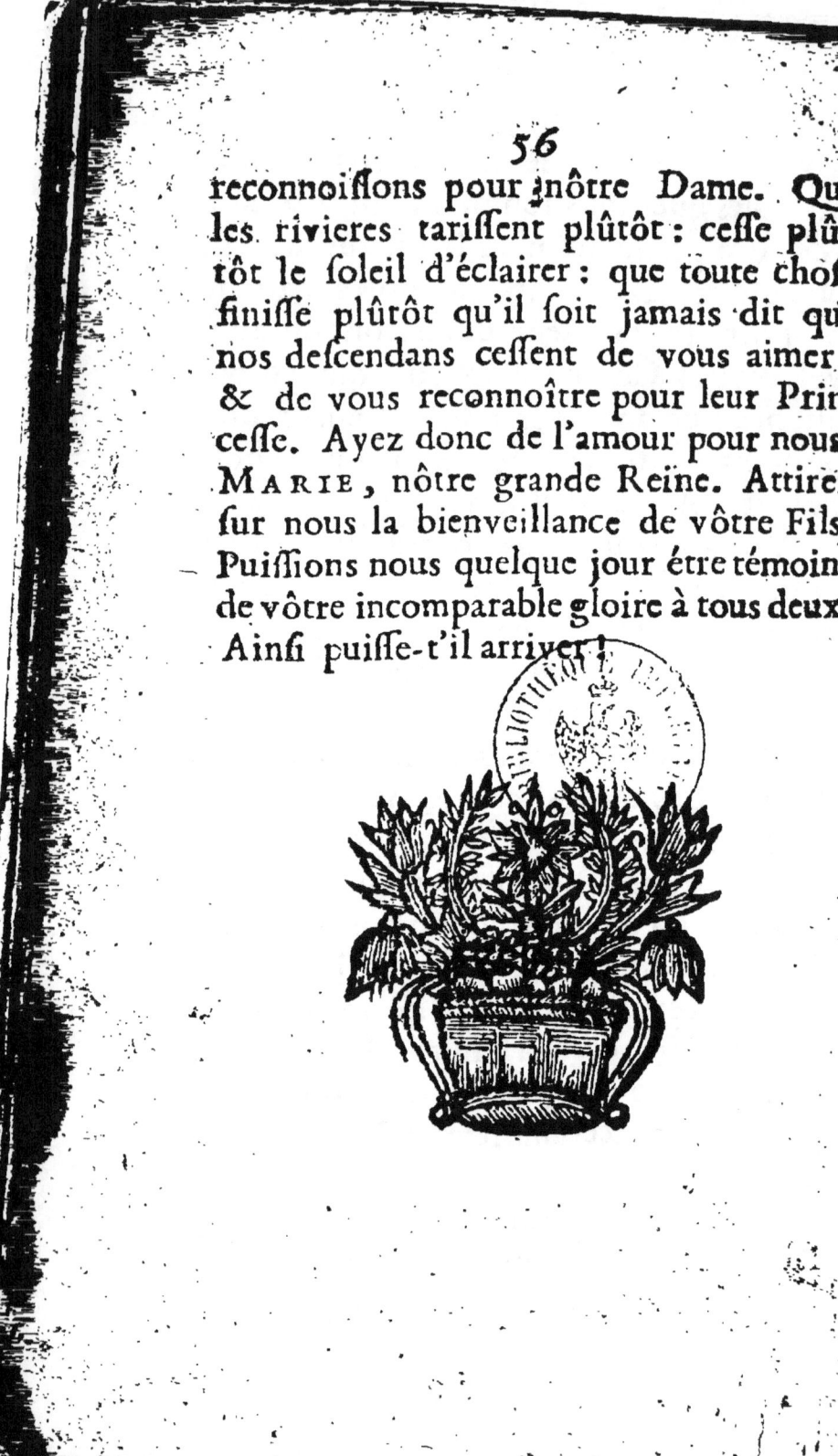

www.ingramcontent.com/pod-product-compliance
Lightning Source LLC
LaVergne TN
LVHW021725080426
835510LV00010B/1136